BEI GRIN MACHT SICH
WISSEN BEZAHLT

- Wir veröffentlichen Ihre Hausarbeit,
  Bachelor- und Masterarbeit

- Ihr eigenes eBook und Buch -
  weltweit in allen wichtigen Shops

- Verdienen Sie an jedem Verkauf

Jetzt bei www.GRIN.com hochladen
und kostenlos publizieren

Andrei Kireev

Programmierung eines komfortablen Chronographen mit HTML und Javascript

GRIN Verlag

Bibliografische Information der Deutschen Nationalbibliothek:

Die Deutsche Bibliothek verzeichnet diese Publikation in der Deutschen National-
bibliografie; detaillierte bibliografische Daten sind im Internet über http://dnb.d-
nb.de/ abrufbar.

Impressum:

Copyright © 2001 GRIN Verlag GmbH
Druck und Bindung: Books on Demand GmbH, Norderstedt Germany
ISBN: 978-3-638-63815-9

Dieses Buch bei GRIN:

http://www.grin.com/de/e-book/3522/programmierung-eines-komfortablen-chro-
nographen-mit-html-und-javascript

Hochschule Anhalt (FH)

Hochschule für angewandte Wissenschaften
Fachbereich: Betriebswirtschaft
Fach: Softwareengeneering /
Programmierung

Hausarbeit

Thema:

„Komfortabler Chronograph"

eingereicht am _____ 2001 von:

Kireev, Andrei
6. Sem. BWL

Gliederung

1. Aufgabenstellung

Es ist ein Programm zu schreiben, das permanent digitale Werte für die aktuelle Uhrzeit anzeigt. Die Standardanzeige soll im Format **hh:mm:ss** dargestellt werden.

Folgende Funktionen sind aktivierbar:

- Mitlaufen der Zehntelsekunden;
- Die Stundenzahl ist umschaltbar zwischen 12er oder 24er Zyklus;
- Weltuhr, d.h. die aktuelle Zeit von mindestens 3 Städte aus unterschiedlichen Zeitzonen ist alternativ wählbar;
- Stoppuhren - Anzeigeformat **hh H mm' ss'' zz**:
    - einfache Standardstoppuhr mit Stunden, Minuten, Sekunden, Zehntelsekunden,
    - Timer, d.h. CountDown von einer Minutenzahl,
    - Additives Stoppen (Zwischenzeiten) - Stoppen mit Speichern und wahlweise Anzeigen von mindestens 9 Zwischenzeiten bzw. Teilnehmern.

2. Programmbeschreibung

2.1 Allgemeine Informationen

Als Programmiersprache wurden JavaScript und HTML ausgewählt. Das Programm ist für Netscape Navigator ab Version 4.0 geschrieben. Unter älteren Versionen und im Internet Explorer können einige Fehler auftreten (manche Funktionen funktionieren fehlerhaft).

Programmname: „Komfortabler Chronograph"

Startdatei: *Start.html*

Programmdateien: *Chronograph.html* - Uhrzeitanzeige

Timer.html - Standardstoppuhr

CountDown.html - CountDown

Addstop.html - Additives Stoppen

Hilfe.html - Nutzerdokumentation

Grafikdateien: *logo.jpg* - Programmlogo

n0.gif - n9.gif - Ziffern von 0 bis 9

nam.gif - AM-Anzeige (12 Std.-Format)

npm.gif - PM-Anzeige (12 Std.-Format)

nnm.gif - leeres Grafik (24 Std.-Format)

leer.gif - Display beim Ausschalten

nc.gif - Trennzeichen „:"

nb.gif - leeres Grafik bei der Erstanzeige

2.2 Monitorbilder

2.2.1 Start

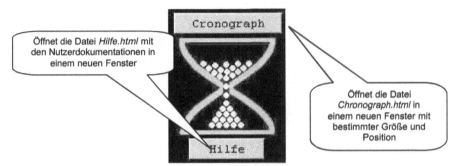

Öffnet die Datei *Hilfe.html* mit den Nutzerdokumentationen in einem neuen Fenster

Öffnet die Datei *Chronograph.html* in einem neuen Fenster mit bestimmter Größe und Position

2.2.2 Chronograph

„ausgeschaltet"

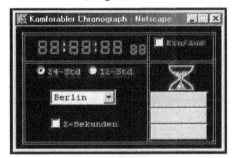

„eingeschaltet"

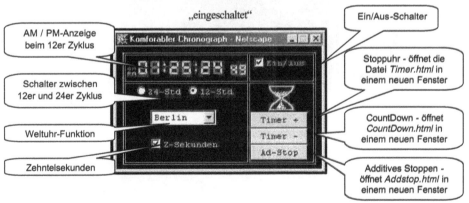

AM / PM-Anzeige beim 12er Zyklus

Schalter zwischen 12er und 24er Zyklus

Weltuhr-Funktion

Zehntelsekunden

Ein/Aus-Schalter

Stoppuhr - öffnet die Datei *Timer.html* in einem neuen Fenster

CountDown - öffnet *CountDown.html* in einem neuen Fenster

Additives Stoppen - öffnet *Addstop.html* in einem neuen Fenster

2.2.3 Stoppuhr

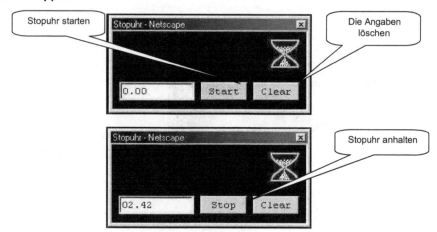

2.2.4 Countdown

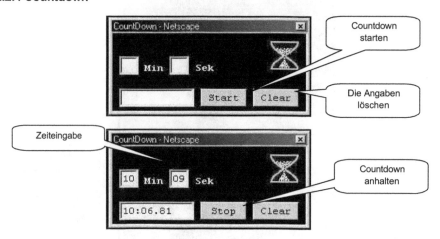

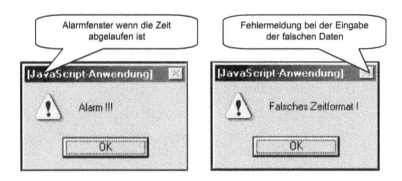

2.2.5 Additives Stoppen

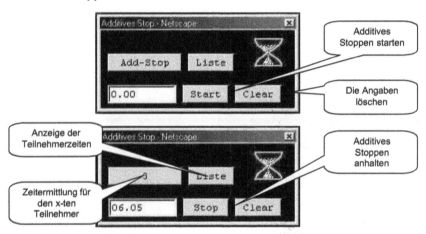

-7-

Eingabe der Teilnehmernummer

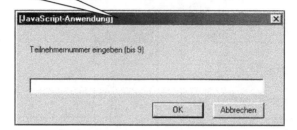

Zeitanzeige für den ausgewählten Teilnehmer

Fehlermeldung, wenn noch keine Angaben vorliegen

Fehlermeldung, wenn der Teilnehmer nicht existiert

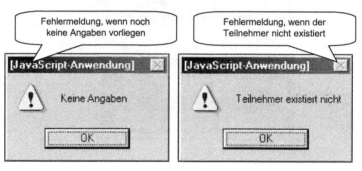

2.3 Quelltext

2.3.1 Start.html

```
<HTML>
<HEAD>
  <TITLE>Komfortabler Cronograph</TITLE>
  <SCRIPT language="JavaScript">

// *******************
// Funktion - Cronograph in neuem Fenster öffnen
   function cronograph() {
         open ("Chronograph.html", "Uhr",
"width=300,height=180,screenX=350,screenY=320,locationbar=no,menubar=no,resizable=no
")
// Ende der Funktion cronograph()
   };
// -------------------

// *******************
// Funktion - Hilfe in neuem Fenster öffnen
   function hilfe() {
     open ("Hilfe.html", "Help");
// Ende der Funktion hilfe()
   };
// -------------------

</SCRIPT>
</HEAD>

<BODY bgcolor=black>

<CENTER>

<FORM><tt>
<INPUT TYPE=button VALUE="Cronograph" onClick="cronograph()"><br>
<IMG src="logo.jpg"><br>
<INPUT TYPE=button value=" Hilfe " onClick="hilfe()"></tt>
</FORM>
</CENTER>

</BODY>
</HTML>
```

2.3.2 Chronograph.html

```
<HTML>
  <HEAD>
  <TITLE>Komforabler Chronograph</TITLE>

  <SCRIPT language="JavaScript">

// *******************
// Anfang der Funktion "Uhr" - Zeit anzeigen
   function Uhr() {

// Ermittlung der Anzahl von Milisekunden seit 1970
        zeit = new Date();

// Weltuhr für 3 Städte
   if (document.welt.stadt[0].selected)
      {hh = zeit.getHours()}
   else {
        if (document.welt.stadt[1].selected)
          {hh = zeit.getHours()+1}
        else {hh = zeit.getHours()+2}
        };

// Schalter zwischen 12 und 24 Zeitformat
   if (document.format.zeitformat[0].checked)
      {
      var am_pm="nm"
      }
      else
// am-pm Anzeigeauswahl
      {
      if(hh>12){hh=hh-12; var am_pm="pm"}else{var am_pm="am"}
      };

      mm = zeit.getMinutes();
      ss = zeit.getSeconds();

// Zehntel-Sekunde
   jetzt = zeit.getTime();
   ms = (jetzt%1000)/10;

// Z-Sekunden-Anzeige
   if (document.formzsek.zsekunden.checked)
      {
      var zsek1=Url(ms/10);
      var zsek2=Url(ms%10)
      }
```

```
     else
      {
      var zsek1="leer.gif";
      var zsek2="leer.gif";
      };

// Ein-Aus-Funktion
// Definition der ersten und der letzten Ziffern für Anzeige

   if (document.einaus.onoff.checked)
     {meridien ='n' + am_pm +'.gif';

      std1 = Url(hh/10);
      std2 = Url(hh%10);
      min1 = Url(mm/10);
      min2 = Url(mm%10);
      sek1 = Url(ss/10);
      sek2 = Url(ss%10);
      zehnsek1 = zsek1;
      zehnsek2 = zsek2;

// Definition der Buttons und Funktionenzuweisung
      document.time.stopuhr.value="Timer +";
      document.time.count_down.value="Timer -";
      document.time.add_stop.value="Ad-Stop";

      document.time.stopuhr.onClick=timer;
      document.time.count_down.onClick=countdown;
      document.time.add_stop.onClick=addstop;
      }
    else
      {
      meridien = "nnm.gif";

      std1 = "leer.gif";
      std2 = "leer.gif";

      min1 = "leer.gif";
      min2 = "leer.gif";

      sek1 = "leer.gif";
      sek2 = "leer.gif";

      zehnsek1 = "leer.gif";
      zehnsek2 = "leer.gif";

      document.time.stopuhr.value="";
      document.time.count_down.value="";
```

```
        document.time.add_stop.value="";

        document.time.stopuhr.onClick="";
        document.time.count_down.onClick="";
        document.time.add_stop.onClick="";
        };

// Definition der Grafiken in Body - Zeit anzeigen
    document.images['ampm'].src = meridien;
    document.images['stunde1'].src = std1;
    document.images['stunde2'].src = std2;
    document.images['minute1'].src = min1;
    document.images['minute2'].src = min2;
    document.images['sekunde1'].src = sek1;
    document.images['sekunde2'].src = sek2;
    document.images['milisek1'].src = zehnsek1;
    document.images['milisek2'].src = zehnsek2;

// Wiederholen der Funktion jede 10 Milisekunden
    window.setTimeout("Uhr()",10);


// Ende der Funktion "Uhr"
    };
// -------------------

// ******************
// Funktion Url() - nächstniedrigere ganze Zahl mit floor()
    function Url(num) {
      num = Math.floor(num);
      return "n" + num + ".gif";
// Ende der Funktion Url()
    };
// -------------------

// ******************
// Timer-Funktion - Timer in einem neuen Fenster öffnen
    function timer() {
        Fenster=open ("timer.html", "Timer",
"width=250,height=30,screenX=570,screenY=170,dependent=yes,locationbar=no,menubar=n
o,
    resizable=no")
// Ende der Funktion Timer()
    };
// -------------------

// ******************
// Countdown-Funktion - in einem neuen Fenster öffnen
```

```
    function countdown() {
        Fenster=open ("countdown.html", "Timer",
"width=250,height=30,screenX=570,screenY=170,dependent=yes,locationbar=no,menubar=n
o,
  resizable=no")

// Ende der Funktion Countdown()
    };
// -------------------

// *******************
// Add-Stop-Funktion - in einem neuen Fenster öffnen
    function addstop() {
        Fenster=open ("addstop.html", "Timer",
"width=250,height=30,screenX=570,screenY=170,dependent=yes,locationbar=no,menubar=n
o,
  resizable=no")

// Ende der Funktion Addstop()
    };
// -------------------

    </SCRIPT>

    </HEAD>

    <BODY BGCOLOR="black" onLoad="window.setTimeout('Uhr();',10)">
    <CENTER>
    <TABLE BORDER COLOR="white"><tr><td>
    <CENTER>

    <p><IMG

    NAME="ampm" SRC="nb.gif" HEIGHT=21 WIDTH=16><IMG

    NAME="stunde1" SRC="nb.gif" height=25 width=18><IMG
    NAME="stunde2" SRC="nb.gif" HEIGHT=25 WIDTH=18><IMG

    NAME="trennzeichen" SRC="nc.gif" HEIGHT=25 WIDTH=10><IMG

    NAME="minute1" SRC="nb.gif" HEIGHT=25 WIDTH=18><IMG
    NAME="minute2" SRC="nb.gif" HEIGHT=25 WIDTH=18><IMG

    NAME="trennzeichen" SRC="nc.gif" HEIGHT=25 WIDTH=10><IMG

    NAME="sekunde1" SRC="nb.gif" HEIGHT=25 WIDTH=18><IMG
    NAME="sekunde2" SRC="nb.gif" HEIGHT=25 WIDTH=18><IMG
```

```
NAME="trennzeichen" SRC="nb.gif" HEIGHT=7 WIDTH=7><IMG

NAME="milisek1" SRC="nb.gif" HEIGHT=18 WIDTH=13><IMG

NAME="milisek2" SRC="nb.gif" HEIGHT=18 WIDTH=13></p>

</CENTER>

<td><CENTER><FONT COLOR=red><tt>
<FORM NAME="einaus">
<INPUT TYPE=checkbox NAME="onoff">Ein/Aus
</FORM></CENTER></td>

<tr><td><CENTER>
<FORM NAME="format"><FONT COLOR=yellow><tt>
<INPUT TYPE=radio NAME="zeitformat" checked>24-Std
<INPUT TYPE=radio NAME="zeitformat">12-Std
</FORM>

<FORM NAME="welt">
<SELECT NAME="stadt" SIZE=1>
<OPTION selected> Berlin
<OPTION> Budapest
<OPTION> Moskau
</SELECT>
</FORM>

<FORM NAME="formzsek"><FONT COLOR=yellow>
<INPUT TYPE=checkbox NAME="zsekunden" value="s/10">Z-Sekunden
</FORM>

</CENTER>
</td>

<td>
<FORM NAME="time"><tt>
<DIV ALIGN=center><IMG SRC="logo.jpg" width=40 height=40></DIV>
<INPUT TYPE=button NAME="stopuhr" VALUE="      "><br>
<INPUT TYPE=button NAME="count_down" VALUE="      "><br>
<INPUT TYPE=button NAME="add_stop" VALUE="      ">
</td></tr>

</TABLE>
</CENTER>

</BODY>
</HTML>
```

2.3.3 Timer.html

```
<HTML>

<HEAD>
<TITLE>Stopuhr</TITLE>

<SCRIPT LANGUAGE="JavaScript">

// Variable Timer_Status zeigt, ob der Timer läuft oder nicht
        var Timer_Status = false;

// Wiederholen der Funktion wird in dieser Variable gespeichert
        var TimerID = null;

// Ermittlung der Anzahl von Milisekunden seit 1970
        var zeit2 = new Date();

// ******************
// Funktion start() - Start Timer
        function start() {

// Änderung der Button "Start" zu Button "Stop"
        document.timer.start_stop.value = "Stop";

// Zuweisung der Funktion stop() der Button "Stop"
        document.timer.start_stop.onclick = stop;

// Timer startet immer von 0.00
        zeit2 = new Date();

// Anzahl der Milisekunden seit 1970
        jetzt2 = zeit2.getTime();

// Prüfen, ob der Timer steht
        stopTimer();

// Timer starten und Ergebnis anzeigen
        timer();

// Ende der Funktion start()
        };
// -------------------
// ******************
// Funktion stop() - Timer anhalten
        function stop() {

// Änderung der Button "Stop" zu "Start"
```

```
        document.timer.start_stop.value = "Start";

// Zuweisung der Funktion start() der Button "Start"
        document.timer.start_stop.onclick = start;

// Stop Timer
        stopTimer();

// Ende der Funktion stop()
        };
// -------------------

// *******************
// Funktion stopTimer()
        function stopTimer() {

// Wenn der Timer gerade läuft - Timeout brechen, Timer stoppen
        if (Timer_Status)
        clearTimeout(TimerID);
        Timer_Status = false

// Ende der Funktion stopTimer()
        };
// -------------------

// *******************
// Funktion timer() - Timer starten und Ergebnis anzeigen
        function timer() {

        var zeit3 = new Date();
        jetzt3 = zeit3.getTime();

// Differenz zw. Alt- und Neuzeit in Sek./100
        diff = (jetzt3-jetzt2)/10;

// Umrechnung der Differenz in Sek./100, Sekunden, Minuten, Stunden
        zs = diff%100;
        ss = Math.floor(diff/100%60);
        mm = Math.floor(diff/100/60);
        hh = Math.floor(diff/100/3600)

// Wenn die Zahl weniger als 10 ist, 0 hinzufügen
        if (zs<10) {zs="0"+zs};
        if (ss<10) {ss="0"+ss};
        if (mm<10) {mm="0"+mm};
        if (hh<10) {hh="0"+hh};

        if (hh==0) {std=""} else {std=hh+":"};
```

```
        if (mm==0) {min=""} else {min=mm+":"};
        var resultat = std + min + ss + "." + zs;

// Ergebnis anzeigen

        document.timer.textfeld.value = resultat;


// Wiederholen der Funktion jede 10 Milisekunden
        TimerID = setTimeout("timer()", 10);

        Timer_Status = true;

// Ende der Funktion Timer
        };
// --------------------

// ******************
// Funktion sauber()
        function sauber()
          {document.timer.textfeld.value="0.00";

// Ende der Funktion Sauber()
        };
// --------------------

</SCRIPT>
</HEAD>

<BODY BGCOLOR="black">

<FORM NAME="timer"><tt>
<p>
<DIV ALIGN=right><IMG SRC="logo.jpg" width=40 height=40></DIV>
</p>
<INPUT TYPE="text" NAME="textfeld" VALUE="0.00" SIZE=11>
<INPUT TYPE="button" NAME="start_stop" VALUE="Start" onClick="start()">
<INPUT TYPE="button" VALUE="Clear" onClick="sauber()">
</FORM>

</BODY>
</HTML>
```

2.3.4 CountDown.html

```
<HTML>

<HEAD>
<TITLE>CountDown</TITLE>

<SCRIPT LANGUAGE="JavaScript">

// Variable Timer_Status zeigt, ob der Timer läuft oder nicht
        var Timer_Status = false;

// Wiederholen der Funktion wird in dieser Variable gespeichert
        var TimerID = null;

// Ermittlung der Anzahl von Milisekunden seit 1970
        var zeit2 = new Date();

// ******************
// Funktion start() - Start Timer
        function start() {

// Änderung der Button "Start" zu Button "Stop"
        document.timer.start_stop.value = "Stop";

// Zuweisung der Funktion stop() der Button "Stop"
        document.timer.start_stop.onclick = stop;

// Timer startet immer von 0.00
        zeit2 = new Date();

// Anzahl der Milisekunden seit 1970
        jetzt2 = zeit2.getTime();

// Prüfen, ob der Timer steht
        stopTimer();

// Timer starten und Ergebnis anzeigen
        timer();

// Ende der Funktion start()
        };
// --------------------

// ******************
// Funktion stop() - Timer anhalten
        function stop() {
```

```
// Änderung der Button "Stop" zu "Start"
       document.timer.start_stop.value = "Start";

// Zuweisung der Funktion start() der Button "Start"
       document.timer.start_stop.onclick = start;

// Stop Timer
       stopTimer();

// Ende der Funktion stop()
       };
// --------------------

// ******************
// Funktion stopTimer()
       function stopTimer() {

// Wenn der Timer gerade läuft - Timeout brechen, Timer stoppen
       if (Timer_Status)
       clearTimeout(TimerID);
       Timer_Status = false;

// Ende der Funktion stopTimer()
       };
// --------------------

// ******************
// Funktion timer() - Timer starten und Ergebnis anzeigen
       function timer() {

       var zeit3 = new Date();
       jetzt3 = zeit3.getTime();

// Prüfung der Zeitformat
       if ((document.timer.eingabe_min.value>59) ||
         (document.timer.eingabe_min.value<0) ||
         (document.timer.eingabe_sek.value>59) ||
         (document.timer.eingabe_sek.value<0))
         {alert("Falsches Zeitformat !");
         document.timer.eingabe_min.value="";
         document.timer.eingabe_sek.value="";
         stop()
         }
// ** Anfang der Zeitformatprüfung
       else {


// Eingabe der Zeit vom Benutzer
```

```
            countdown = document.timer.eingabe_min.value*6000 +
document.timer.eingabe_sek.value*100;

// Differenz zw. Alt- und Neuzeit in Sek./100

            diff = countdown - (jetzt3-jetzt2)/10;

// Umrechnung der Differenz in Sek./100, Sekunden, Minuten, Stunden
            zs = diff%100;
            ss = Math.floor(diff/100%60);
            mm = Math.floor(diff/100/60);
            hh = Math.floor(diff/100/3600)

// Wenn die Zahl weniger als 10 ist, 0 hinzufügen
            if (zs<10) {zs="0"+zs};
            if (ss<10) {ss="0"+ss};
            if (mm<10) {mm="0"+mm};
            if (hh<10) {hh="0"+hh};

            if (hh==0) {std=""} else {std=hh+":"};
            if (mm==0) {min=""} else {min=mm+":"};

            var resultat = std + min + ss + "." + zs;

// Ergebnis anzeigen

            document.timer.textfeld.value = resultat;

// Wiederholen der Funktion jede 10 Milisekunden
            if ((mm>0)||(ss>0)||(zs==1)) {TimerID = setTimeout("timer()", 10)}

// Alamieren bei Ablauf der Zeit
            else {stop(); document.timer.textfeld.value = "0.00"; alert("Alarm !!!")};

            Timer_Status = true;

// +++ Ende der Zeitformatprüfung - else
            };

// Ende der Funktion Timer
            };
// -------------------

// *******************
// Funktion sauber()
            function sauber() {
                stop();
                document.timer.textfeld.value="";
```

```
            document.timer.eingabe_min.value="";
            document.timer.eingabe_sek.value=""
// Ende der Funktion sauber()
        };
// -------------------

</SCRIPT>
</HEAD>

<BODY BGCOLOR="black">

<FORM NAME="timer"><FONT COLOR=white><b><tt>

<INPUT TYPE=text NAME="eingabe_min" SIZE=2> Min
<INPUT TYPE=text NAME="eingabe_sek" SIZE=2> Sek
        
<IMG SRC="logo.jpg" width=40 height=40>

<p>
<INPUT TYPE="text" NAME="textfeld" VALUE="" SIZE=11>
<INPUT TYPE="button" NAME="start_stop" VALUE="Start" onClick="start()">
<INPUT TYPE="button" VALUE="Clear" onClick="sauber()">
</p>

</FONT>
</FORM>
</BODY>
</HTML>
```

2.3.5 Addstop.html

```
<HTML>

<HEAD>
<TITLE>Additives Stop</TITLE>

<SCRIPT LANGUAGE="JavaScript">

// Variable Timer_Status zeigt, ob der Timer läuft oder nicht
    var Timer_Status = false;

// Wiederholen der Funktion wird in dieser Variable gespeichert
    var TimerID = null;

// Ermittlung der Anzahl von Milisekunden seit 1970
    var zeit2 = new Date();

// Definition von Array der Teilnehmer
    teilnehmer = new Array();

// Teilnehmer-Nummer
    var t = 0;

// ******************
// Funktion start() - Timer starten
    function start() {

// Änderung des Buttonvalue - "Add-Stop" auf "1"
    document.timer.add_stop.value = "1"

// Änderung der Button "Start" zu Button "Stop"
    document.timer.start_stop.value = "Stop";

// Zuweisung der Funktion stop() der Button "Stop"
    document.timer.start_stop.onclick = stop;

// Timer startet immer von 0.00
    zeit2 = new Date();

// Anzahl der Milisekunden seit 1970
    jetzt2 = zeit2.getTime();

// Prüfen, ob der Timer steht
    stopTimer();

// Timer starten und Ergebnis anzeigen
    timer();
```

```
// Ende der Funktion start()
        };
// -------------------


// *******************
// Funktion stop() - Timer anhalten
        function stop() {

// Änderung der Button "Stop" zu "Start"
        document.timer.start_stop.value = "Start";

// Zuweisung der Funktion start() der Button "Start"
        document.timer.start_stop.onclick = start;

// Änderung des Buttonvalue
        document.timer.add_stop.value = "Add-Stop";

// Stop Timer
        stopTimer();

// Ende der Funktion stop()
        };
// -------------------

// *******************
// Funktion stopTimer()
        function stopTimer() {

// Wenn der Timer gerade läuft - Timeout brechen, Timer stoppen
        if (Timer_Status)
        clearTimeout(TimerID);
        Timer_Status = false

// Ende der Funktion stopTimer()
        };
// -------------------

// *******************
// Funktion timer() - Timer starten und Ergebnis anzeigen
        function timer() {

        var zeit3 = new Date();
        jetzt3 = zeit3.getTime();

// Differenz zw. Alt- und Neuzeit in Sek./100
        diff = (jetzt3-jetzt2)/10;
```

```
// Umrechnung der Differenz in Sek./100, Sekunden, Minuten, Stunden
        zs = diff%100;
        ss = Math.floor(diff/100%60);
        mm = Math.floor(diff/100/60);
        hh = Math.floor(diff/100/3600)

// Wenn die Zahl weniger als 10 ist, 0 hinzufügen
        if (zs<10) {zs="0"+zs};
        if (ss<10) {ss="0"+ss};
        if (mm<10) {mm="0"+mm};
        if (hh<10) {hh="0"+hh};

        if (hh==0) {std=""} else {std=hh+":"};
        if (mm==0) {min=""} else {min=mm+":"};

        resultat = std + min + ss + "." + zs;

// Ergebnis anzeigen

        document.timer.textfeld.value = resultat;


// Wiederholen der Funktion jede 10 Milisekunden
        TimerID = setTimeout("timer()", 10);

        Timer_Status = true;

// Ende der Funktion Timer
        };
// -------------------

// *******************
// Funktion sauber() - alle Werte auf Null setzen
        function sauber()
        {document.timer.textfeld.value="0.00";
        document.timer.add_stop.value = "Add-Stop";
// Array der Teilnehmer leer machen
        teilnehmer.splice(0,9);
        t = 0;
// Ende der Funktion Sauber()
        };
// -------------------

// *******************
// Funktion Add-Stop - Zeit ermitteln
        function addstop() {
```

```javascript
// Additives Stop nur bei dem eingeschalteten Timer
        if (Timer_Status) {
            teilnehmer[t]=document.timer.textfeld.value; t++;
            document.timer.add_stop.value = t+1;

// Beim 9.Teilnehmer den Timer anhalten
            if (t==9) {stop()}
            }
// Ende der Funktion Add-Stop()
            };
// -------------------

// *******************
// Funktion Teilnehmer - Zeit anzeigen
        function teilnehmerzeit() {

// Wenn mindestens 1 Teilnehmer - Zeit anzeigen
        if (t!=0)
            {
            switch (window.prompt("Teilnehmernummer eingeben (bis " + t + ")",""))
            {
                case "1":
                if (t<1) {f_keineangaben()}
                else {alert("1. Teilnehmer: " + teilnehmer[0])};
                break;

                case "2":
                if (t<2) {f_keineangaben()}
                else {alert("2. Teilnehmer: " + teilnehmer[1])};
                break;

                case "3":
                if (t<3) {f_keineangaben()}
                else {alert("3. Teilnehmer: " + teilnehmer[2])};
                break;

                case "4":
                if (t<4) {f_keineangaben()}
                else {alert("4. Teilnehmer: " + teilnehmer[3])};
                break;

                case "5":
                if (t<5) {f_keineangaben()}
                else {alert("5. Teilnehmer: " + teilnehmer[4])};
                break;

                case "6":
                if (t<6) {f_keineangaben()}
```

```
                    else {alert("6. Teilnehmer: " + teilnehmer[5])};
                    break;

                    case "7":
                    if (t<7) {f_keineangaben()}
                    else {alert("7. Teilnehmer: " + teilnehmer[6])};
                    break;

                    case "8":
                    if (t<8) {f_keineangaben()}
                    else {alert("8. Teilnehmer: " + teilnehmer[7])};
                    break;

                    case "9":
                    if (t<9) {f_keineangaben()}
                    else {alert("9. Teilnehmer: " + teilnehmer[8])};
                    break;

                    default:
                    alert("Teilnehmer existiert nicht");
                    break;
// Switch-Ende
            };

// Ende der if-Anweisung
            }
// Wenn noch keine Teilnehmer - Fehlermeldung
            else {f_keineangaben()};

// Ende der Funktion teilnehmerzeit()
            };
// -------------------

// ******************
// Funktion Keine-Angaben - wenn keine Daten vorhanden sind

            function f_keineangaben() {
                    alert("Keine Angaben")

// Ende der Funktion Keine-Angaben
            };
// -------------------

</SCRIPT>
</HEAD>

<BODY BGCOLOR="black">
```

```html
<FORM NAME="timer"><tt>
<INPUT TYPE="button" NAME="add_stop" VALUE="Add-Stop" onClick="addstop()">
<INPUT TYPE="button" VALUE="Liste" onClick="teilnehmerzeit()">  
<IMG SRC="logo.jpg" width=40 height=40><br><br>
<INPUT TYPE="text" NAME="textfeld" VALUE="0.00" SIZE=10>
<INPUT TYPE="button" NAME="start_stop" VALUE="Start" onClick="start()">
<INPUT TYPE="button" VALUE="Clear" onClick="sauber()">

</FORM>


</BODY>
</HTML>
```

3. Nutzerdokumentation

„Cronograph" wird durch anklicken von der Datei *Start.html* gestartet. Dafür benötigt man Netscape Navigator ab Version 4.0. Unter Internet Explorer funktioniert das Programm fehlerhaft. Die Darstellung ist für die Monitorauflösung 1024 x 768 Pixel optimisiert. In dem geöffneten Fenster hat man 2 Möglichkeiten zur Auswahl – entweder das Programm selbst zu starten oder Hilfeinformationen zu lesen.

Das Programm startet in einem neuen Netscape-Fenster mit den ausgeschalteten Resizeable-, Menü-, Scrollfunktionen. Als erster Schritt muss das „Chronograph" eingeschaltet werden. In der oberen rechten Ecke des Fensters findet man einen Ein-/Ausschalter. Im „Aus"-Zustand sind die Knöpfe noch ohne Namen und es sind noch keine Funktionen verfügbar.

Nach dem Einschalten erscheinen die 3 mögliche Auswahleigenschaften des „Chronographs" und zwar Umschalter zwischen 24- und 12-Stunden Modus, Weltuhr für 3 Zeitzonen (Berlin, Budapest und Moskau) und Schalter für Zehntelsekunden. Die Funktionen findet man in dem linken unteren Teil des Fensters.

Das „Chronograph" hat auch unterschiedliche Stoppuhren zur Auswahl: einfache Stoppuhr (Button „Timer +"), CountDown (Button „Timer –„) und Additives Stoppen (Button „Ad-Stop"). Alle 3 werden in neuem Fenster neben dem „Chronograph" geöffnet.

Im Fenster „Stoppuhr" sind 2 Knöpfe vorhanden – „Start" und „Clear". Bei dem Klicken auf dem „Start" wird die Stoppuhr gestartet. Dabei wird auch die Bezeichnung des Knopfes zu „Stop" geändert und mit dem zweiten Klick wird die Stoppuhr angehalten. Die vergangene Zeit sieht man in dem Textfeld links von den Knöpfen. Stunden, Minuten und Sekunden sind durch „:", die Zehntelsekunden durch „.". Button „Clear" löscht alle Angaben, damit man die Stoppuhr erneut starten kann.

Fenster „CountDown" hat 2 zusätzliche Textfelder für die Eingabe der Zeit in Minuten und Sekunden. Ist die Zeit abgelaufen, wird eine Alarm-Meldung angezeigt. Bei der falschen

Eingabe der Zeit erscheint eine Fehlermeldung und alle Angaben werden automatisch gelöscht. Manuell kann man die Angaben mit dem Button „Clear" löschen.

Additives Stoppen ist für die Ermittlung der Zwischenzeiten oder der Zeiten für bis zu 9 Teilnehmer geeignet. Gestartet wird es mit dem Button „Start". Um die Zwischenzeiten zu fixieren braucht man einfach den Knopf „Add-Stop" anklicken (nach dem Start zeigt dieser Knopf die Nummer des Teilnehmers bzw. der Zwischenzeit). Nach dem 9. Teilnehmer wird der Timer automatisch angehalten. Der Knopf „Stop" (vor dem Anfang Knopf „Start") dient, wenn man weniger als 9 Zwischenzeiten ermitteln will. Dabei wird der Zeitlauf abgebrochen, aber die Daten werden gespeichert. Um die Zeiten zu zeigen, muss man „Liste" anklicken und Teilnehmernummer (bzw. Nummer der Zwischenzeit) eingeben. Button „Clear" löscht alle gespeicherten Daten.

Viel Spaß bei der Arbeit mit dem „Chronograph"!

www.ingramcontent.com/pod-product-compliance
Lightning Source LLC
La Vergne TN
LVHW042308060326
832902LV00009B/1349